CATALOGUE

D'ESTAMPES ANCIENNES

CATALOGUE

DE LA

BELLE COLLECTION

D'ESTAMPES

ANCIENNES

DES DIVERSES ÉCOLES

ALLEMANDES, FRANÇAISES, HOLLANDAISES ET ITALIENNES

COMPOSANT LE CABINET DE

M. le Chevalier A.-D. de Turin

DONT LA VENTE AURA LIEU

HOTEL DES COMMISSAIRES-PRISEURS

Rue Drouot, nº 5

SALLE Nº 3, AU 1er

Les 23, 24, 25 Février 1860, à 2 heures précises

Par le ministère de Mᵉ **DELBERGUE-CORMONT**, Commissaire-Priseur,
rue de Provence, 8,
Assisté de **M. CLÉMENT**, marchand d'Estampes de la Bibliothèque
impériale, rue des Saints-Pères, 3,
CHEZ LESQUELS SE DISTRIBUE LE PRÉSENT CATALOGUE.

EXPOSITION PUBLIQUE

Le Mercredi 22 Février 1860, de une heure à qutre heures.

PARIS

RENOU & MAULDE

IMPRIMEURS DE LA COMPAGNIE DES COMMISSAIRES-PRISEURS
rue de Rivoli, 141.

1860

ORDRE DES VACATIONS

Jeudi ...... 24 Janvier .... Nᵒˢ 1 à 122
Vendredi... 23 Janvier................ 153 à 198
                                                  122 à 152
                                                  199 à 230
Samedi ..... 25 Janvier .... 325 à 367
                                                  231 à 324

CONDITIONS DE LA VENTE

Les acquéreurs paieront cinq centimes par franc en sus du prix des adjudications.

L'Exposition permettant à MM. les Amateurs et Marchands de vérifier les pièces, il ne sera admis aucune réclamation.

Les pièces réunies sous le même numéro pourront être divisées.

LE CATALOGUE SE DISTRIBUE

MM.

A Paris........{ Delbergue-Cormont, Cᵉ-Priseur, rue de Provence, 8.
Clément, rue des Saint-Pères, 3.

Bruxelles........ B. Vander Kolk, marchand d'estampes.

Leipsick......... R. Weigel,   dito.

Liège............ Van Marck,   dito.

Londres........{ Colnaghi et Cⁱᵉ,   dito.
Graves et Cⁱᵉ,   dito.
E. A. Évans et fils,   dito.

Mannheim....... Artaria et Fontaine.   dito.

Rotterdam...... Lamme, peintre-expert.

Amsterdam.....{ Buffa et fils, marchand d'estampes.
Buffa frères,   dito.

DÉSIGNATION

DES ESTAMPES

ANONYMES.

1 — Ganymède emporté par l'aigle de Jupiter, d'après Michel-Ange.

Superbe épreuve du premier état avant l'adresse de Lafréry, d'une pièce gravée dans le goût de J. Bonasone.

2 — Un Satyre terrassé par l'Amour, d'après Annibal Carrache.

Très-jolie eau-forte par un maître anonyme italien.

3 — Neuf petites estampes représentant la Passion de Jésus-Christ, d'après H. Holbein.

Gravéés par un anonyme dans le goût de Hollar.

4 — Saint Joseph.

Jolie pièce gravée dans le goût de Hollar.

5 — Plusieurs chiens en repos.

Très-belle eau-forte par un maître hollandais du XVIIe siècle, tirée sur papier à la folie.

ALDEGRAVER (Henri).

6 — Les quatre Évangelistes, gravés d'après les dessins de G. Pencz. (B. 57, 58, 59, 60.)

Superbes épreuves.

7 — Le Moine et la Religieuse. Pièce libre. (R. 179.)

Très-belle épreuve d'un morceau que Bartsch indique comme extrêmement rare.

8 — Portrait de l'auteur, âgé de 28 ans. (B. 188).

Superbe épreuve.

BAILLIE (Guillaume).

9 — Les disciples à Emaüs, d'après Rembrandt.

Très-belle épreuve.

BELLE (Etienne de La).

10 — Douze petites pièces représentant des chasses, des tournois, etc.

Belles épreuves.

J.-J. BAUSE.

11 — Portrait de Jo. Heinv - Küstner; portrait de S. F. N. Morus. Ces deux portraits d'après Graff.

Très-belles épreuves.

BEHAM (Barthélemy).

12 — La Vierge à la fenêtre. (B. 8.)

Superbe épreuve. Rare.

BEHAM (Hans Sebald).

13 — Les quatre Évangélistes. (B. 55, 56, 57, 58.)

Superbes épreuves.

14 — S. Sébalde. 1521. (B. 65.)

Très-belle épreuve.

15 — Cimon nourri par sa fille. 1544. Il est assis à la gauche de l'estampe. (B. 74.)

Superbe épreuve.

16 — Cimon nourri par sa fille. 1544. Il est représenté assis à la droite. (B. 75.)

Superbe épreuve.

17 — Trajan écoutant une femme qui demande justice
contre le meurtrier de son fils. (B. 82.)

Superbe épreuve.

18 — Satyre jouant de la lyre. (B. 109.)

Belle épreuve.

19 — Satyre femelle jouant de la cornemuse. (B. 110).

Superbe épreuve.

20 — Satyre sonnant du cor. (B. 111).

Superbe épreuve.

21 — La Patience. 1540. (B. 138).

Superbe épreuve.

22 — Le Triomphe. (B. 142).

Belle épreuve.

23 — La Mélancolie 1539. (B. 144).

Très-belle épreuve.

24 — La Mort surprenant la femme endormie. (B. 146.)

Très-belle épreuve.

25 — La Mort et les trois Sorcières. (B. 151.)

Très-belle épreuve avec une petite marge.

26 — Le Paysan au marché. — La Paysanne au marché.
— Le Paysan à la fourche. 1542. — Un autre
Paysan en repos. (B. 186, 187, 188, 189.)

Superbes épreuves.

27 — La Femme couchée par le dos. (B. 215).

Très-belle épreuve.

28 — L'Alphabet romain. 1545. (B. 229.)

Belle épreuve.

29 — Le Mascaron, 1543. (B. 231).

Superbe épreuve.

30 — Les deux têtes de Poisson (B. 235).

Superbe épreuve.

31 — Vignette au Mascaron. 1534. (B. 228).

Superbe épreuve.

32 — Le petit Bouffon, 1542. (B. 230).

Superbe épreuve.

33 — Les deux Génies. 1544. (B. 236).

Très-belle épreuve.

34 — Les Armoiries de Sebald Beham. (B. 254.)

Tr s-belle épreuve.

35 — Armoiries d'imagination. 1544. Planche de forme
héxagone. (B. 255.)

Très-belle épreuve avec une petite marge.

36 — Les Armoiries au coq. 1544. (B. 256.)

Superbe épreuve.

37 — Les Armoiries à l'aigle. 1543. (B. 257.)

Superbe épreuve.

BERGHEM (Nicolas),

38 — La Vache qui pisse. (B. 2.)

Très-belle épreuve du premier état, avant l'adresse de F. de Wit.

39 — Les trois Vaches en repos. (B. 3.)

Très-rare épreuve du premier état avant le nom du maître et avant les travaux à la pointe sèche sur les nuages et la montagne.

BINCK (Jacques).

40 — Le Triomphe de Bacchus. J. B. (B. 19.)

Très-belle estampe.

41 — Les Enfants vendangeurs. J. B. (B. 33.)

Belle estampe qui, suivant toute apparence, a été gravée d'après un dessin de Raphaël.

Superbe épreuve.

BISCAINO (Barthélemy).

42 — La Sainte Famille. (B. 21.)

Superbe épreuve.

BLOTELINGH (Abraham).

43 — Portrait du marquis de Mirabelle, d'après Van Dyck.

Très-belle épreuve.

BOL (Ferdinand).

44 — La Famille. 1649. (B. 4.) Cl. 4.

Très-belle épreuve où on lit encore le nom du maître avec la date de 1649.

45 — Un vieux Philosophe lisant un grand livre. (B. 6.) Cl. 6.

46 — Portrait de Femme dans un ovale. 1644. (B. 15.) Cl. 15.

Superbe épreuve.

47 — Vieillard à barbe frisée. 1642. (B. 9.) Cl. 9.

Superbe épreuve.

BOLSWERT (Shelte'A).

48 — Portrait de Charles-Quint, d'après le Titien.

Très-belle épreuve avec l'adresse de Rubens.

49 — Sainte Famille où l'Enfant Jésus tient un oiseau; morceau en hauteur, d'après Rubens.

Superbe épreuve du premier état avant l'adresse de Gillis Hendrix dans la marge du bas, à droite.

50 — Ivresse de Silène, représentée en trois personnes, d'après Rubens.

Très-belle épreuve avec l'adresse de Wit.

51 — L'Ivresse de Silène, représentée par cinq personnes, d'après Van Dyck.

Très-belle épreuve avec l'adresse de Wit.

52 — Jupiter enfant pleurant et montrant un pot à une femme qui trait une chèvre.

Très-belle épreuve du deuxième état avant que l'adresse de Bloteling ait été enlevée.

53 — Un Paysage où se voient plusieurs ruines, et sur le devant duquel sont deux femmes, dont l'une porte sur la tête un panier rempli de légumes, et la seconde un panier sous le bras, d'après P.-P. Rubens.

Superbe épreuve avant la lettre.

54 — Autre Paysage où se voit une charette attelée de deux chevaux, et descendant dans un chemin creux, d'après le même.

Épreuve avec l'adresse de M. Van den Eden.

55 — Autre Paysage, sur le devant duquel on voit un berger assis, jouant de la flûte près de ses moutons, d'après le même.

Superbe épreuve avec l'adresse de Gillis Hendrin.

56 — Autre Paysage, où l'on voit un berger assis à côté d'une laitière dont le pot au lait sert d'appui au bras du berger, d'après le même.

Superbe épreuve avec l'adresse de Gillis Hendrix.

BONASONE (Jules).

57 — Judith chargeant sa suivante de la tête d'Holopherne, d'après le tableau de Michel Ange au palais du Vatican. (B. 9.)

Superbe épreuve.

58 — La Sainte Vierge debout devant le Christ étendu sur
une table, d'après Raphaël. (B. 60.)

Superbe épreuve.

59 — La Naissance de saint Jean-Baptiste. (B. 76.)

Belle estampe communément attribuée à *Jacques Carrucci*, dit *Pontormo*, selon Bartsch.

Superbe épreuve.

BOTH (Jean).

60 — Les Cinq Sens de l'homme, suite de cinq estampes,
d'après André Both. (B. 11 à 15.)

Très-belles épreuves du premier état avec l'adresse de F. de Wit sur le
premier morceau.

BREENBERG (Barthelemy).

61 — La Femme conduisant un jeune garçon. (B. 21.)

Très-belle épreuve, rare.

62 — Le Messager empressé. (B. 22.)

Superbe et rare épreuve.

BRY (Théodore de).

63 — L'Age d'or, estampe en rond, d'après Abraham
Blocmart.

Superbe épreuve d'une charmante pièce.

BURGMAÏR (Hans).

64 — Vénus et Mercure. (B. 1.)

Seule pièce du maître gravée à l'eau-forte sur fer.

Superbe épreuve.

BYE (Marc de).

65 — Seize estampes, représentant des ours. (B. 61 à 76.)

Très-belles épreuves.

66 — Moutons; 10 estampes. (B. 80, 82, 84, 86, 87, 88, 89, 90, 93, 94.)

Très-belles épreuves.

CALLOT (Jacques).

67 — Saint Nicolas prêchant au peuple dans un bois.

Très-belle épreuve.

CANTARINI (Simon),

dit LE PESARESE.

68 — Le *Quos ego*. Jupiter, Neptune et Pluton faisant hommage de leurs couronnes aux armes du cardinal Borghèse. (B. 29.)

Très belle épreuve du second état.

69 — Mercure et Argus. (B. 31.)

Cette estampe est l'une des principales de l'œuvre du Pezarese.

La Sainte Famille gravée par Carpioni. (B. 5.)

Deux pièces très-belles épreuves.

CARRACHE (Augustin).

70 — Jésus-Christ montré au peuple, d'après le Corrège. (B. 20.)

Superbe épreuve.

71 — Le grand Crucifiement, d'après le Tintoret. (B. 23.)

Cette estampe est une des plus considérables de l'œuvre de notre artiste.
Très-belle épreuve.

72 — Saint Jérôme, pièce gravée par Auguste Carrache dans les dernières années de sa vie, et achevée par *F. Bricci*. (B. 75.)

73 — La Sainte Famille avec sainte Catherine et saint Antoine, d'après Véronèse. (B. 96.)

Très-belle épreuve.

74 — Pan dompté par l'Amour. (B. 116.)

Très-belle épreuve.

75 — Suzanne surprise dans le bain par deux vieillards. (B. 124.)

Superbe épreuve.

CARRACHE (Annibal).

76 — Le Couronnement d'épines. 1606. (B. 3.)

Belle épreuve.

77 — La Vierge à l'écuelle. 1806. (B. 9.)

Cette estampe est une de celles de l'œuvre d'*Annibal* qui a le plus de réputation.

Très-belle épreuve avant la lettre.

CARAGLIO (Jacques).

78 — La Bataille au bouclier sur la lance, d'après Raphaël. (B. 59.)

Cette estampe est une des plus considérables de l'œuvre de Caraglio et une des plus parfaites qui aient été exécutées d'après Raphaël.

Belle épreuve.

CHASTEAU (G.).

79 — La Guérison des aveugles, opérée par Jésus-Christ, d'après Raphaël.

Superbe épreuve avant toutes lettres.

COCK (Jérôme).

80 — Les OEuvres de Miséricorde, d'après Breughel d'Enfer.

Superbe épreuve.

CORT (Cornelius).

81 — L'intérieur d'un salon d'Académie. 1578.

Superbe épreuve.

82 — Le Martyre de saint Laurent, 1571, d'après le Titien

Superbe épreuve.

CRANACH (Lucas).

83 — La Pénitence de saint Chrysostôme. 1509. (B. 276.)

DIETRICY (Ch.-Guill.-Ernest).

84 — Jésus-Christ guérissant le paralytique.

Belle épreuve.

85 — Des Nymphes au bain et des Pâtres plus loin, en lieu solitaire. — L'Enfance de Jupiter.

Deux pièces, b lles épreuves.

86 — La Tour au bord de la mer. — Le Troupeau en marche. — L'Ermitage. — Les deux Amis. — La Chaumière devant des ruines.

Cinq pièces, belles épreuves.

87 — Les Arracheurs de dents.

Deux épreuves, très-belles.

88 — Le Charlatan entouré de gens de campagne.

Deux épreuves dont une très-vigoureuse.

DURER (Albert).

89 — La Nativité. (B. 2.)

Belle épreuve, mais doublée.

2

90 — La Passion de Jésus-Christ. 16 pièces. (B. 3 à 18.)
Très-belle suite dont les épreuves sont parfaitement égales de tirage.

91 — Jésus-Christ en prières au Jardin des Oliviers. (B. 19.)
Estampe gravée à l'eau-forte sur planche d'étain.
Très-belle épreuve.

92 — L'Homme des douleurs aux mains liées. (B. 21.)
Ce morceau est très-rare, il est gravé sur une planche de fer.
Superbe épreuve très-rare à trouver de cette qualité.

93 — La face de Jésus-Christ. (B. 25.)
Superbe épreuve.

94 — La Vierge au singe. (B. 42.)
Épreuve très-vigoureuse.

95 — Saint Georges à pied. (B. 53.)
Très-belle épreuve.

96 — Saint Jérôme en pénitence. (B. 61.)
Superbe épreuve.

97 — Sainte Geneviève. (B. 63.)
Très-belle épreuve; elle est doublée.

98 — La Sorcière. (B. 67.)
Très-belle épreuve d'une grande finesse.

99 — La Famille du Satyre. 1505. (B. 69.)
Très-belle épreuve.

94 bis — La Sainte Famille. (B. 43.)
Belle épreuve.

92   **100** — Cinq Études de figures. (B. 70.)

Estampe gravée à l'eau-forte sur une planche de fer.

Très-belle épreuve; elle est doublée.

18   **101** — L'Enlèvement d'Amymone. (B. 71.)

Très-belle épreuve; elle est doublée.

182   **102** — L'Effet de la jalousie. (B. 73.)

Superbe épreuve.

80   **103** — La Mélancolie. 1514. (B. 74.)

Superbe épreuve.

26   **104** — Le Groupe des quatre Femmes nues. 1497. (B. 75.)

Très-belle épreuve; elle est doublée.

63   **105** — L'Oisiveté. (B. 76.)

Superbe épreuve.

120   **106** — Pandore, ou la grande Fortune. (B. 77.)

Superbe épreuve portant la signature de Mariette, 1660.

97   **107** — La petite Fortune (R. 88.)

Superbe épreuve.

70   **108** — L'Assemblée des gens de guerre. (B. 88.)

Très-belle épreuve, mais doublée.

20   **109** — Le Paysan au marché. 1512. (B. 89.)

Très-belle épreuve.

110 — Les Offres d'amour. (B. 93.)

Superbe épreuve.

111 — Le Seigneur et la Dame. (B. 94.)

Très-belle épreuve doublée.

112 — Le grand Cheval. 1505. (B. 97.)

Très-belle épreuve.

113 — La Pièce de Canon. 1517. (B. 99.)

Superbe épreuve.

114 — Les Armoiries au coq. (B. 100.)

Très-belle épreuve.

115 — Les Armoiries à la tête de mort. (B. 101.)

Très-belle épreuve; elle est doublée.

116 — Portrait d'Albert de Mayence, vu de face. (B. 102.)

Pièce très-rare.

Superbe épreuve.

117 — Portrait de Phil. Mélanchton. (B. 105.)

Belle épreuve.

118 — Portrait d'Erasme, de Rotterdam. (B. 107.)

Très-belle épreuve.

119 — Environ soixante gravures sur bois, comprenant la
Vie de la Vierge, l'Apocalypse de saint Jean, la Passion de Jésus-Christ, et diverses autres pièces qui
seront divisées.

DUSART (Corneille).

120 — Intérieur d'un cabaret, pièce dite le Violon. (B. 15.)
Ancienne épreuve avec les travaux à la roulette, encore apparents.

121 — La Fête du village. 1685. (B. 16.)
Très-belle épreuve.

EAUX-FORTES

PAR

DYCK (Antoine Van).*

122 — Breughel (Pierre). 2.
Très-belle épreuve du premier état avant la lettre. Très-rare.

123 — Noordt (Adam Van). 9.
Ancienne et belle épreuve.

124 — Pontius (Paul). 11.
Ancienne et belle épreuve.

125 — Snellinx (Jean). 13.
Très-belle et ancienne épreuve.

126 — Suttermans (Juste). 17.
Très-belle et ancienne épreuve.

127 — Vostermann (Lucas).
Très-belle épreuve tirée sur papier à la folie.

* Nous avons suivi l'ordre numérique du Catalogue de M. Carpenter.

128 — Wael (Jean de). 22.

Ancienne épreuve.

129 — Titien et sa maîtresse. 27.

Très-belle épreuve du premier état terminé, avant l'adresse de Bon-
enfant. Très-rare.

PORTRAITS PAR DIVERS GRAVEURS

D'après Van Dyck *.

PAR UN GRAVEUR ANONYME.

130 — Bosschaert (Thomas-Willeborts).

Très-belle épreuve d'un portrait rare.

BOLSWERT (Schelte à).

131 — Pepin (Martin). 6.

Superbe épreuve du premier état.

132 — Urancx (Sébastien).

Superbe épreuve avant la lettre, état non décrit.

DELF (Guillaume).

133 — Mirevelt (Michel). 9.

Très-belle épreuve du premier état.

(PONTIUS (Paul).

134 — Jean, comte de Nassau. 41.

Très-belle épreuve du premier état.

* Nous avons suivi l'ordre numérique du Catalogue Weber.

135 — Palamède Palamedessen. 42.

Superbe épreuve du premier état.

136 — Rombouts (Théodore). 15.

Superbe épreuve du premier état.

137 — Scaglia (César-Alexandre), abbé de Stafarde. 47.

Très-belle épreuve du premier état, que Weber indique comme presque unique.

138 — Simon de Vos. 53.

Superbe épreuve du premier état.

139 — **Wildens** (Jean). 55.

Très-belle épreuve du deuxième état avec le nom du graveur

140 — Rockox (Nicolas).

Superbe épreuve.

STOCK (André).

141 — Snayers (Pierre).

Belle épreuve.

VOERST (Robert Van).

142 — Voerst (Robert Van). 60.

Superbe épreuve du premier état avant le nom du graveur.

VOSTERMAN (Lucas).

143 — Le prince Gaston de France. 70.

Superbe épreuve du premier état.

144 — Mallery (Charles de). 74.

Superbe épreuve du premier état.

145 — Momper (Jodocus de). 76.

Superbe épreuve du premier état.

146 — Nicolas Fabricius de Pereisc.

Superbe épreuve du premier état.

147 — Jacques de Man.

Superbe et rare épreuve avant la lettre.

EVERDINGEN (Albert Van),

**148 — Les quatre figures sous l'arbre. (B. 5.) Le Porcher.
(B. 8.) La Femme regardant la nacelle. (B. 75.)
Place publique. (B. 96.)**

Quatre pièces; très-belles épreuves.

FRANCO (Jean-Baptiste).

**149 — Melchisedec offrant du pain et du vin à Abraham.
(B. 5.)**

Très-belle épreuve du premier état avant le nom du maître.

GELÉE (Claude, dit le Lorrain).

150 — La Tempête. (R. D. 5.)

Superbe épreuve du troisième état avant le numéro; très-rare. Les
deux premiers états sont introuvables.

151 — Le Bouvier. (R. D 8.)

Superbe épreuve du premier état avant le numéro ; très-rare.

152 — Scène de Brigands. (R. D. 12.)

Belle copie en contre-partie.

GHISI (Adam).

**153 — Hercule étouffant le lion de Némée, pièce sans mar-
que. (B. 21)**

Superbe épreuve.

GLAUBER (Jean).

**154 — Une femme assise sous un arbre. Un troupeau dans
un bois. Intérieur de forêt.**

Trois pièces. Belles épreuves.

GOLTZIUS (Henri).

155 — La sainte Vierge visitant sainte Elisabeth. (B. 16.)

Superbe épreuve du premier état portant le n° 2 de la suite des chefs-
d'œuvre avant le numéro et l'adresse de N. Visscher.

**156 — Les bergers adorant l'Enfant Jésus nouvellement
né. (B. 17.)**

Superbe épreuve portant le n° 3 de la suite des chefs-d'œuvre et du
même état.

157 —. Jésus-Christ circoncis dans le temple. (B. 18.)

Superbe épreuve d'une pièce gravée dans le goût d'Albert Durer, portant le n° 4 de la même suite et du même état.

158 — Les mages offrant des présents à Jésus-Christ. (B. 19.)

Superbe épreuve d'une pièce gravée dans le goût de Lucas de Leyde, portant le n° 5 de la même suite et du même état.

159 — La sainte Vierge et saint Joseph montrant aux bergers Jésus qui vient de naître, sujet qui n'a pas été achevé. (B. 21.)

Très-belle épreuve.

160 — Jésus-Christ, les douze Apôtres et saint Paul, représentés à mi-corps. Suite de 14 estampes. (B. 43-56.)

Superbes épreuves.

GOUDT (Henri, comte de).

161 —. La Fuite de la sainte Famille en Égypte.

Superbe épreuve d'un morceau capital du maître et du plus grand effet.

162 — L'Ange accompagnant le jeune Tobie, d'après Elsheimer. Le même sujet traité différemment. Cérès cherchant sa fille. L'Aurore, et la Décollation de saint Jean-Baptiste.

Cinq pièces; belles épreuves.

HOLLAR (W).

163 — Vue du portail de la cathédrale d'Anvers.

Superbe épreuve du premier état avec une seule ligne d'écriture.

164 — Le portrait de Charles II, roi d'Angleterre. — La princesse Élisabeth, fille du roi.

Superbes épreuves; rares.

165 — Portrait de Pierre Aretin.

Très-belle épreuve. Premier état avec deux lignes d'écriture.

166 — Le portrait de Victoire Colonna, d'après Sébastien del Piombo. 1650.

Très-belle épreuve.

167 — Le même portrait.

Très-belle épreuve.

168 — L'Arcolano Armafrodito, d'après le Corrège. 1650.

Très-belle épreuve.

169 — La belle Laure du Pétrarque.

Très-belle épreuve.

170 — Portrait de Raphaël d'Urbin, d'après Raphaël. 1651.

Très-belle épreuve.

171 — Portrait de Jean Malderus, évêque d'Anvers, d'après Van Dyk. 1605.

Très-belle épreuve.

172 — Portrait de la reine d'Angleterre, Henriette de France; portrait non terminé.

Belle épreuve.

173 — Diverses figures, d'après Léonard de Vinci.

Suite de vingt et une pièces ; superbes épreuves.

174 — Huit portraits d'hommes et de femmes.

Très-belles épreuves.

175 — Huit portraits d'hommes et de femmes, dont le comte de Salisbury, sir Richard Hulton, etc.

176 — Cinq portraits de femmes ; divers costumes.

Très-belles épreuves.

177 — Six portraits divers, tirés la plupart de la collection Arundel.

Très-belles épreuves.

178 — Quatre portraits d'une famille, d'après Holbein.

Très-belles épreuves.

179 — Six portraits de femmes, dont un de premier état.

Très-belles épreuves.

180 — Six portraits ou études de femmes.

Très-belles épreuves.

181 — Deux portraits d'un personnage en bonnet et avec des ordres de chevalerie attachés à un collier à chaîne, d'après Holbein. — Et deux autres d'une dame, d'après Martin Schongauer.

Très-belles épreuves.

182 — Le portrait de Pierre van den Avont, peintre d'Anvers ; et celui du peintre Jean van Balen.

Superbes épreuves.

183 — Quatre portraits d'artistes : Jacques van Es. — Le
même. — Le peintre Henri van der Brocht. — Le
même, plus jeune.

184 — Quatre portraits d'artistes : Adrien van Venne. —
Stefano della Bella. — Adam Elsheimer. — Bona-
venture Peters.

Très-belles épreuves.

185 — Quatre portraits d'artistes : W. Hollar. — Stohow,
peintre. — Jean Roelans d'Anvers. — Jacques Lein
Roelens.

Très-belles épreuves.

186 — Le lièvre, avec un chien et du gibier.
Superbe epreuve.

187 — Le Cerf mort. 1646.
Très-belle épreuve.

HOPFER (Daniel).

188 — Jésus-Christ se séparant de la sainte Vierge pour
aller souffrir la mort à Jérusalem.
Superbe épreuve.

JORDAENS (Lucas).

189 — Le Triomphe de sainte Anne couronnée par Jésus-
Christ, pendant que Notre-Dame lui présente un
sceptre.
Très-belle épreuve.

KOLBE (C. W.).

190 — Un troupeau en repos dans un bois.— Un Homme
à cheval, enlevant une femme.

Deux pièces; belles épreuves.

KOLH (Excudit).

191 — Portrait du duc de Brunswick.

Très-belle épreuve non terminée d'un portrait gravé dans la manière
de Wille.

LASTMAN (Pierre), de l'École de Rembrandt

192 — Judas et Thamar. (B. 74.)

Voir le Supplément de Bartsch, p. 153.

Superbe épreuve d'une pièce très-rare.

LIVENS (Jean).

193 — Saint Jérôme assis dans une grotte. (B. 5.)

Très-belle épreuve.

194 — Buste d'un vieillard vu de trois quarts. (B. 33.)

Superbe épreuve.

195 — Buste d'un Oriental. (B. 34).

Superbe épreuve d'un premier état non décrit avant le monogramme
qui est à la gauche du haut.

196 — Portrait du docteur Éphraïm Bonus, médecin israélite. (B. 56.)

Superbe épreuve avec l'adresse de Clément de Jonghe, qui a été remplacée depuis par celle de Jean de Ram.

197 — Portrait de Daniel Heinsius. (B. 58.)

Superbe épreuve du premier état avec l'adresse de Martin Van den Enden, remplacée depuis par celle de Jean Meyssens.

LOUYS (J.).

198 — La Résurrection de Lazare, d'après J. Livens.

Très-belle épreuve.

LUCAS (De Leyde).

199 — L'Adoration des Mages. 1513.

Très-belle épreuve d'une pièce capitale du maître; elle est très-bien conservée. Très-rare.

200 — La Passion de Jésus-Christ, suite de neuf estampes de forme ronde, savoir:

    1. Jésus-Christ en prières à la montagne des Oliviers.
    2. La Prise de Jésus-Christ.
    3. Jésus-Christ devant le grand-prêtre Anne.
    4. Jésus-Christ outragé dans le prétoire.
    5. La Flagellation.
    6. le Couronnement d'épines.
    7. Jésus-Christ présenté au peuple.
    8. Le Portement de croix.
    9. Le Crucifiement. (B. 57-65.)

Suite très-rare à trouver complète, surtout avec les bordures ornementées.

201 — La Tentation de saint Antoine. 1509. (B. 117.)

Superbe épreuve d'une des plus jolies pièces du maître; très-rare à trouver de cette qualité.

LUTMA (Jean).

202 — Portrait de Jean Lutma fils, graveur.

Superbe épreuve.

203 — Portrait de P.-C. Hooftt, historien hollandais.

Superbe épreuve.

204 — Portrait de Vondel, poëte hollandais.

Superbe épreuve avant la lettre.

MEYER (Félix).

205 — Deux Paysages à l'eau-forte.

Superbes épreuves avant le nom.

MANTEIGNE (André).

206 — Les Éléphants portant des torches. (B. 12.)

Superbe épreuve d'une conservation parfaite.

207 — Les Soldats portant des trophées. (B. 13.)

Superbe épreuve d'une parfaite conservation.

208 — La Bacchanale au Silène, morceau cité par Vasari,
(B. 20.)
Superbe épreuve.

MATTUE (Corneille).

209 — Le Muletier. (B. 3.)
Superbe épreuve.

MARC (de Ravenne).

210 — Combat à coups de ceste entre Entellus et Darès.
(B. 175.)
Très-belle épreuve.

MAZZOLA (François, dit le Parmesan).

211 — Les deux Amants. (B. 14.)
Superbe épreuve d'une charmante eau-forte; très-rare.

MECKEN (Israel De).

212 — Le Massacre des Innocents. (B. 38.)
Magnifique épreuve.

213 — Rinceau d'ornement, sur lequel est représenté un
combat de sauvages. (B. 207.)
Magnifique épreuve.

MEYER (Melchior).

214 — Apollon et Marsyas.

Très-belle épreuve d'une pièce rare.

MEYERING (Alb.).

215 — Le Mausolée. (B. 8.).—Le Pont. (B. 12.)

Deux pièces, très-belles épreuves.

MOLEANER (Jean).

216 — Les Débauchés.

Ce morceau est très-rare.

Très-belle épreuve.

MULLER (Jean).

217 — Portrait de l'infante Isabelle, d'après Rubens.

Superbe épreuve.

218 — Portrait de l'archiduc Albert, d'après Rubens.

Superbe épreuve.

219 — Portrait de Louis Galloche, peintre du roi, d'après Tocqué.—Et un Portrait, d'après Léonard de Vinci, par Folkema.

Deux pièces ; superbes épreuves.

NANTEUIL (Robert).

220 — Les deux portraits des frères Pierre et Jacques Dupuy, dans une seule estampe. (R. D. 89.)

Très-belle épreuve du premier état.

NICOLETO (de Modène ou Rosex).

221 — Le Déluge universel.

Copie par un vieux maître italien de cette pièce capitale attribuée par Bartsch à Nicoleto de Modène. (Voir le Catalogue de Bartsch; vol. 13, page 72.)

Très-belle épreuve dans laquelle se trouvent quelques trous de vers.

222 — La Visitation. (B. 7.)

Très-belle épreuve d'une estampe de la plus grande rareté.

NOORDT (Van).

223 — Un Troupeau de moutons, composé de béliers, boucs et chèvres, deux bœufs et un chien, d'après P. de Laer. (B. 16.)

Très-belle épreuve; mais les noms à la gauche du haut ont été grattés.

224. — Un Paysage entouré de ruines; un homme et une femme qui marchent ensemble, d'après P. Lasteman.

Superbe épreuve.

OSTADE (Adrien Van).

225. — Le Peintre dans son atelier. (B. 32.)
Superbe épreuve.

ORLEY (Richard Van).

226. — Bacchanale de Sylène, d'après P. P. Rubens.
Superbe épreuve.

PENCZ (George).

227 — Médée remettant entre les mains de Jason ses dieux
pénates pour gage de sa foi. (B. 71.)
Très-belle épreuve.

228 — Procris tuée par Céphale. 1529. (B. 73.)
Superbe épreuve.

229 — Tarquin faisant violence à Lucrèce. (B. 78.)
Très-belle épreuve.

230 — Horace Coclès défendant la tête du pont de Rome
contre l'armée de Porsenna. (B. 80.)
Superbe épreuve.

PONTIUS (Paul).

231 — Portrait de Philippe IV, roi d'Espagne, en 1632,
d'après Rubens.

POPELS (Jean).

232 — Bacchanale de Sylène, d'après Rubens.

Très-belle épreuve.

RAIMONDI (Marc-Antoine).

233 — Dieu ordonnant à Noé de bâtir l'arche, d'après Raphaël. (B. 3.)

Belle épreuve doublée.

234 — La descente de croix d'après Raphël. « Pièce très-rare. » (B. 32.)

Cette pièce a fait partie des cabinets Durand et Richardson, dont elle porte les monogrammes.

Très-belle épreuve doublée.

235 — La Vierge pleurant le corps mort de Jésus-Christ, d'après Raphaël, dite l'estampe de la *Vierge au bras nud*. (B. 34.)

Très-belle épreuve doublée et restaurée.

236 — Saint Paul prêchant à Athènes. (B. 44.)

Belle épreuve.

237 — La Bacchanale, répétition du n° 248 en contre-partie. (C. 249).

Bartsch l'indique comme plus rare que la précédente.

Très-belle épreuve doublée.

238 — Vénus accroupie. (B. 313.)

Cette estampe est gravée par M. Antoine dans ses premières manières, probablement d'après Le Francia.

Superbe épreuve parfaitement conservée.

239 — La peste. (B. 417.)

Cette superbe estampe, gravée par Marc Antoine, d'après Raphaël, est extrêmement rare.

Superbe épreuve malheureusement doublée.

240 — Le portrait de Raphaël Sanzio d'Urbin, enveloppé dans son manteau, morceau en hauteur sans marque. (B. 496.)

Très-belle épreuve, pièce des plus rares de M. Antoine; elle est remargée.

REMBRANDT VAN RHYN (Paul).

241 — Portrait de Rembrandt aux trois moustaches. (B. 2.) Claussin 2.

Magnifique épreuve.

242 — Portrait de Rembrandt avec l'écharpe autour du cou. 1633. (B. 17.) Cl. 17.

Très-belle épreuve.

243 — Portrait de Rembrandt tenant un sabre (B. 18.) Cl. 18.

Superbe épreuve.

244 — Portraits de Rembrandt et de sa femme. 1636. (B. 19.) Cl. 19.

Superbe épreuve.

245 — Portrait de Rembrandt au bonnet orné d'une plume. (B. 20) Cl. 20.

Très-belle épreuve.

246 — Portrait de Rembrandt appuyé. (B. 21.) Cl. 21.

Superbe épreuve avec le nom très-apparent du plus beau portrait de Rembrandt.

247 — Portrait de Rembrandt aux cheveux courts et frisés (B. 26.)

Très-belle épreuve du premier état avant le nom de Rembrandt gravé par une main étrangère.

248 — Adam et Eve 1638. (B. 28.) Cl. 34.

Superbe épreuve de premier état, avec un reflet de lumière sur la cuisse d'Ève.

249 — Joseph racontant ses songes devant sa famille. (B. 37.) Cl. 41.

Très-belle épreuve.

250 — La même estampe. (B. 37.) Cl. 41

Superbe et très-rare épreuve d'un état non décrit avec une teinte donnée à la planche ; d'un superbe effet.

251 — Joseph et la femme de Putiphar. (B. 39.) Cl. 43.

Très-belle épreuve tirée sur papier de soie.

252 — Le Triomphe de Mardochée. (B. 40.) Cl. 44.

Superbe épreuve avec beaucoup de manière noire.

253 — David priant Dieu. (B. 41.) Cl. 45.

Très-belle épreuve.

254 — L'ange qui disparaît devant la famille de Tobie. (B. 43.) Cl. 47.

Très-belle épreuve avant les petites hachures à la gauche de l'estampe.

255 — La Nativité de Jésus-Christ. (B. 45.) Cl. 49.

Très-belle épreuve.

256 — La Circoncision de Jésus-Christ. (B. 47.) Cl. 51.
Superbe épreuve.

257 — Jésus-Christ prêchant ou la petite tombe. (B. 67.) Cl. 71.

Superbe épreuve du premier état, avant que les travaux à la pointe sèche aient été ébarbés; l'homme coiffé d'un turban, debout sur le devant à gauche, a le bras droit et le vêtement fort poussés au noir.

258 — La même estampe.
Épreuve du même état que le précédent, tirée sur papier de soie, et un peu moins chargée de barbes.

259 — Jésus-Christ chassant les vendeurs hors du temple. (B. 69.) Cl. 73.

Très-belle épreuve.

260 — La Samaritaine, 1734. (B. 71.) Cl. 75.
Très-belle épreuve.

261 — Jésus-Christ guérissant les malades ou la *pièce aux cent florins*. (B. 74.) Cl. 78.

Très-belle épreuve de premier état, avec la voûte dans le fond au-dessus de la tête de Jésus-Christ.

262 — Jésus-Christ guérissant les malades, ou la *pièce dite aux cent florins*. (B. 74.) Cl. 78.

Très-belle épreuve de la planche retouchée par le capitaine Baillie.

263 — Jésus en croix entre les deux larrons : gravé d'une manière légère et d'une taille très-fine sur une planche de forme ovale. (B. 79.) Cl. 84.

Magnifique épreuve chargée de manière noire, très-rare à trouver de cette qualité.

264 — Descente de Croix. 1654. (B. 83.) Cl. 87.

Superbe épreuve avec beaucoup de barbes.

265 — Le retour de l'enfant prodigue. 1636. (B. 91. Cl. 95.

Très-belle épreuve.

266 — Saint Jérôme à genoux. (B. 102.) Cl. 105.

Très-belle épreuve.

267 — La fortune contraire. (B. 111.) Cl. 112.

Très-belle épreuve.

268 — L'étoile des rois. (B. 113.) Cl. 115.

Très-belle épreuve.

269 — Les musiciens ambulants, ou l'aveugle. (B. 119.) Cl. 121.

Très-belle épreuve du premier état avant les travaux à la pointe sèche sur la poitrine de l'enfant à droite.

270 — Le petit orfèvre. (B. 123.) Cl. 126.

Très-belle épreuve avec quelques barbes.

271 — La faiseuse de Kouks. 1635. (B. 124.) Cl. 127.

Superbe épreuve.

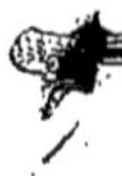

272 — Un vieillard vu par le dos. (B. 143.) Cl. 143.
Très-belle épreuve.

273 — Paysan déguenillé, les mains derrière le dos.
(B. 172.) Cl. 169.
Très-belle épreuve.

274 — Gueux assis sur une pièce de terre. 1630. (B. 174.)
Cl. 171.
Très-belle épreuve avant le nom de Rembrandt écrit en toutes lettres.

275 — L'espiègle. 1642. (B. 188.) Cl. 185.
Belle épreuve.

276 — Le dessinateur d'après le modèle. (B. 192.) Cl. 189.
Très-belle épreuve.

277 — Académie d'un homme assis à terre (B. 196.) Cl. 193.
Belle épreuve.

278 — Une négresse couchée et vue par le dos. 1658.
(B. 205.) Cl. 202.
Très-belle épreuve.

279 — La grange à foin. 1636. (B. 224.) Cl. 221.
Superbe épreuve.

280 — Le moulin de Rembrandt. 1641. (B. 233.) Cl. 230.
Très-belle épreuve.

281 — Portrait d'un vieillard qui porte la main à son bonnet. (B. 259.) Cl. 256.
Très-belle épreuve avant que la planche ait été terminée, par Schmidt,
de Berlin.

282 — La même estampe. (B. 259.)
Épreuve plus faible.

283 — Portrait d'un homme avec chaîne et croix. 1641.
(B. 261.) Cl. 258.
Très-belle épreuve.

284 — Portrait de Janus Sylvius. 1633. (B. 266.) Cl. 263.
Très-belle épreuve.

285 — Portrait d'un jeune homme en cheveux, assis, ré-
fléchissant. (B. 268.) Cl. 265.
Très-belle épreuve.

286 — Portrait de Menassé Ben-Israël. 1636. (B. 269.)
Cl. 266.
Très-belle épreuve.

287 — Le docteur Faustus. (B. 270.) Cl. 267.
Très-belle épreuve avant les contretailles sur la partie au-dessus
du globe.

288 — Portrait de Clément de Jonghe. (B. 272.) Cl. 269.
Très-rare épreuve de deuxième état avant le cintre, mais avec des
contretailles sur le fauteuil, et généralement plus travaillé que dans le
premier état.

289 — Le même portrait.
Très-belle épreuve.

290 — Le portrait de Abraham France. (B. 273.) Cl. 270.
Superbe épreuve du troisième état, avec une grande marge fort rare à
trouver de cette conservation.

291 — Portrait du docteur Ephraïm Bonus dit le juif à la Rampe. (B. 278.) Cl. 275.

Magnifique épreuve du second état, et d'une parfaite conservation.

292 — Portrait de Wtembogardus renfermé dans un ovale et gravé sur une planche de forme octogone. 1635. (B. 279.) Cl. 276.

Très-belle épreuve.

293 — Portrait de Utenbogaerd, dit *le peseur d'or*, ou *le banquier*. (B. 281.) Cl. 278.

Très-belle épreuve du second état, provenant de la collection Grunling, dont elle porte la signature au verso.

294 — Homme en cheveux. (B. 289.) Cl. 286.
Superbe épreuve.

297 — Vieillard à barbe courte. (B. 300.) Cl. 296.
Superbe épreuve.

298 — Portrait d'homme avec un chapeau à larges bords. 1630. (B. 311.) Cl. 307.
Superbe épreuve.

299 — Étude pour la grande mariée juive. (B. 341.) Cl. 331.
Magnifique épreuve d'une pièce très-rare.

300 — Tête de la mère de Rembrandt regardant en bas. 1623. (B. 351.) Cl. 341.
Superbe épreuve.

301 — Étude de six têtes, dont celle au milieu est le portrait de la femme de Rembrandt. (B. 365.) Cl. 355.

Très-belle épreuve.

RENI (Guido).

302 — La Vierge et l'enfant Jésus, pièce ovale. (B. 3.)

Superbe épreuve.

303 — L'enfant Jésus et Saint Jean-Baptiste. (B. 12.)

Superbe épreuve.

304 — Une gloire d'Anges, d'après Lucas Cambiasi. (B. 45.)

Superbe épreuve d'une pièce que Bartsch indique comme une des plus belles de l'œuvre du Guide.

RIBERA (Joseph), dit l'Espagnolet.

305 — Saint Jérôme. (B. 4.)

Superbe épreuve du premier état avant les initiales de François van den Wyngaerde, dans la marge du bas.

306 — Le Martyre de Saint-Barthelemy. (B. 6.)

Superbe et très-rare épreuve portant la signature de Mariette, 1677.

307 — Le poëte. (B. 10.)

Superbe épreuve.

ROGMAN (Roeland).

308 — Vues du bois de la Haye. (B. 2. 3. 6.)

Très-belles épreuves.

ROTA (Martin).

309 — Le jugement dernier, d'après Michel-Ange.
Très-belle épreuve du second état, avec la tablette.

RUBENS (Pierre-Paul).

310 — La Magdeleine en pénitence.
Belle épreuve.

SADLER (Gilles).

311 — Portrait du peintre Martin de Vos d'après Jos. Heinz.
Très-belle épreuve.

SAFT LEVEN (Herman).

312 — L'homme monté sur un âne. (B. 13.)
Superbe épreuve.

313 — Paysage avec chaumière et une femme qui trait une vache. (B. 34.)
Ancienne épreuve.

SCHMIDT (Georges-Frédéric).

314 — Portrait de Julien Offray de la Metrie.
Superbe épreuve.

315 — Antoine Pesne. 1752. Premier peintre du roi de Prusse, d'après lui-même.

Superbe épreuve.

316 — Portrait de Quentin de la Tour riant, d'après lui-même.

Superbe épreuve.

SCHONGAUER (Martin).

317 — La Nativité de Jésus-Christ. (B. 5.)

Très-belle épreuve; elle est doublée.

318 — L'Adoration des Rois Mages. (B. 6.)

Superbe épreuve d'une conservation parfaite.

319 — Le portement de Croix. (B. 21.)

Ce morceau est un des plus considérables et des plus rares de l'œuvre. Superbe épreuve, mais doublée et restaurée dans la partie du haut.

320 — La Vierge debout. (B. 28.)

Magnifique épreuve admirablement conservée.

321 — Saint Martin coupant un morceau de son manteau et le donnant à un pauvre estropié. (B. 57.)

Superbe épreuve bien conservée.

322 — S. Antoine tourmenté par les démons et porté en l'air. (B. 47.)

Magnifique épreuve de la plus grande rareté, d'un état non décrit par Bartsch ; elle est avant la prolongation des petits traits horizontaux jusqu'au milieu de l'estampe à gauche, et avant plusieurs autres intercalés dans le haut. Très-bien conservée, mais remargée.

SOMPEL (Pierre Van).

323 — Les disciples à Emaüs, d'après Rubens.

Belle épreuve.

STAR (Thiéry Van).

324 — Jésus-Christ tenté par le démon. 1523. (B. 5.)

Superbe épreuve.

SUYDERHOEF (Jonas).

325 — Portrait d'Adrianus Heereboord, professeur de philosophie.

Très-belle épreuve.

326 — Le Congrès des plénipotentiaires espagnols du roi Philippe IV et des grands de la Belgique pour le traité de Westphalie, pièce dite la Paix de Munster.

Belle épreuve.

327 — Les Bourgmestres d'Amsterdam, d'après Keyser.

328 — Les joueurs de trictrac, composition de sept figures d'après A. Van Ostade.

Très-belle épreuve.

329 — Trois vieilles femmes dans une chambre s'occupant à boire, d'après V. Ostade.

Très-belle épreuve avec les angles de la planche blancs, et avec l'adresse de Danker Dankerts. Elle a de la marge.

SWANEVELT (Herman Van).

330 — La naissance d'Adonis. (B. 101.) — Vénus exerçant Adonis à la petite chasse. 1654. (B. 104.)

Deux pièces, très-belles épreuves avec l'*excudit*.

THÉODORE, d'après Francisque MILET.

331 — Le Pêcheur à la ligne. (R. D. 22.)

Très-belle épreuve du premier état, avant l'adresse de Crépy.

VÉNITIEN (Augustin de Venise, dit le).

332 — Cléopâtre debout, se faisant piquer par un aspic. (B. 193.)

Belle épreuve.

333 — L'Empereur rencontrant le guerrier. (B. 196.)

Très-belle épreuve, elle est remargée.

333 — Hercule étouffant Anthée en présence de la Terre.
(B. 316.)

Belle épreuve.

VICO (Énéas).

334 — Le Combat des amazones, en ovale. (B. 14.)

Superbe épreuve.

VISSCHER (Corneille de).

335 — Portrait de Jean Boelensz.

Très-belle épreuve.

336 — Portrait de Guillaume de Ryck.

Très-belle épreuve portant la signature de Mariette, 1670.

337 — Portrait de Pierre Scrivérius, d'après Soutman.

Superbe épreuve.

338 — Portrait de François Valdésius.

Superbe épreuve.

339 — Portrait de Janus Dousa.

Superbe épreuve.

340 — Portrait de Louis Boisotus.

Superbe épreuve.

341 — Portrait de la domicella Magdelena Moonsia.

Superbe épreuve.

342 — Portrait de Copenol.

Très-belle et rare épreuve avant la lettre.

342 bis. — La Fricasseuse.

Superbe épreuve du premier état avant toute adresse; elle est remargée.

343 — Les musiciens ambulants, d'après A. Van Ostade.

Belle épreuve.

344 — Chat accroupi derrière lequel est un rat.

Superbe épreuve.

345 — La Sainte Famille.

Superbe épreuve avant toute adresse, seulement le nom de C. Visscher. Extrêmement rare.

346 — Assemblée de six gueux, d'après P. de Laer.

Très-belle épreuve.

347 — Suite de quatre estampes. Paysage avec animaux, d'après Berghem.

Superbes épreuves du premier état, avec les noms des artistes à la pointe.

VISSCHER (Jean de).

348 — Intérieur de Grange avec des buveurs attablés, d'après A. V. Ostade.

Superbe épreuve.

349 — Trois estampes représentant : l'une la chute d'un cavalier dans l'eau, l'autre sa délivrance, et la troisième les actions de grâce qu'il rend au ciel.

Très-belles épreuves très-rares.

350 — Le Tâtonneur, d'après A. Van Ostade.
Très-belle épreuve.

VLIEGER (Simon de).

351 — Les deux levriers. (B. 12)
Superbe épreuve.

352 — Le Cheval au pâturage. (B. 13.)
Superbe épreuve.

353 — Le Cheval de traîneau. (B. 14.)
Belle épreuve.

354 — Les Moutons. (B. 15.)
Très-belle épreuve.

355 — Les Chèvres. (B. 19.)
Très-belle épreuve.

VLIET (Jean Van).

356 — Saint Jérôme, d'après Rembrandt. (B. 13.)
Très-belle épreuve du premier état, avant l'adresse de Danker Dankerts au-dessous de l'année (1631).

357 — Vieille femme lisant, d'après Rembrandt. (B. 18.)
Superbe épreuve d'un ton très-vigoureux.

358 — Suite de quatorze estampes représentant des per-
sonnages de divers caractères, dont l'une servant
de frontispice. (B. 59-72.)

Très-belles épreuves.

VOSTERMAN (Lucas), dit le Vieux

359 — Paysans se battant à la suite d'une querelle de jeu,
d'après Breughel.

Superbe et très-vigoureuse épreuve.

WATERLOO (Antoine).

360 — Paysages de diverses suites. (B. 33, 36, 47, 48, 49,
52, 54, 55, 56, 65, 69, 71.)

Douze pièces anciennes et belles épreuves.

361 — Paysages de diverses suites. (B. 92, 94, 98, 103.)

Cinq pièces belles et anciennes épreuves.

362 — Quatre grands paysages. (B. 119, 120, 123, 128.)

Anciennes épreuves.

363 — Le Jeune Tobie et l'ange. (B. 134.)

Très-belle épreuve sur papier à la folie.

WEIROTTER (J.-E).

364 — Les Grottes au rivage de la mer; Le Fort au bord
de la mer.

Superbes épreuves.

WYCK (Thomas).

365 — Les cuisinières près du puits. (B. 13.)

Très-belle épreuve.

366 — La femme portant deux paniers. (B. 12.)

Très-belle épreuve.

ZAGEL (Martin).

367 — Le Martyre de saint Sébastien. (B. 5.)

Superbe épreuve.

RENOU et MAULDE, Imprimeurs de la Compagnie des Cre-Priseurs,
rue de Rivoli, 144   7700

89 — 130
65 — 16
96 — 180
99 — 45
103 — 80
112 — 26
‾‾‾‾‾‾‾‾‾
439 —